HEART OF GOODNESS
The Life of Marguerite Bourgeoys in 30 Poems

DU CŒUR À L'ÂME
La vie de Marguerite Bourgeoys en 30 poèmes

GUERNICA WORLD EDITIONS 34

**Canada Council
for the Arts**

**Conseil des Arts
du Canada**

**ONTARIO ARTS COUNCIL
CONSEIL DES ARTS DE L'ONTARIO**

an Ontario government agency
un organisme du gouvernement de l'Ontario

Guernica Editions Inc. acknowledges the support of the
Canada Council for the Arts and the Ontario Arts Council.
The Ontario Arts Council is an agency of the Government
of Ontario. We acknowledge the financial support of the
Government of Canada.

HEART OF GOODNESS
THE LIFE OF MARGUERITE BOURGEOYS IN 30 POEMS

DU CŒUR À L'ÂME
LA VIE DE MARGUERITE BOURGEOYS EN 30 POÈMES

CAROLYNE VAN DER MEER

GUERNICA
World
EDITIONS
TORONTO—CHICAGO—BUFFALO—LANCASTER (U.K.)
2020

Connie McParland, general editor
Michael Mirolla, editor
Interior design: Jill Ronsley, suneditwrite.com
Cover design: Allen Jomoc, Jr.
Cover Image: Painting of Marguerite Bourgeoys
by Yves-Daniel Thibodeau
Photograph by Bassam Sabbagh
Author Photograph: Mariphotographe
Guernica Editions Inc.
287 Templemead Drive, Hamilton (ON), Canada L8W 2W4
2250 Military Road, Tonawanda, N.Y. 14150-6000 U.S.A.
www.guernicaeditions.com

Distributors:
Independent Publishers Group (IPG)
600 North Pulaski Road, Chicago IL 60624
University of Toronto Press Distribution (UTP),
5201 Dufferin Street, Toronto (ON), Canada M3H 5T8
Gazelle Book Services, White Cross Mills
High Town, Lancaster LA1 4XS U.K.

First edition.
Printed in Canada.

Legal Deposit – Third Quarter
Library of Congress Catalog Card Number: 2020938367
Library and Archives Canada Cataloguing in Publication

———————————

Title: Heart of goodness : the life of Marguerite Bourgeoys in 30 poems = Du cœur à l'âme : la vie de Marguerite Bourgeoys en 30 poèmes / Carolyne Van Der Meer.
Other titles: Du cœur à l'âme
Names: Van Der Meer, Carolyne, 1968- author. | Van Der Meer, Carolyne, 1968- Heart of goodness. |
Van Der Meer, Carolyne, 1968- Heart of goodness. French.
Series: Guernica world editions ; 34.
Description: Series statement: Guernica world editions ; 34 | Text in English and French.
Identifiers: Canadiana 20200256165E | ISBN 9781771836395 (softcover)
Subjects: LCSH: Bourgeoys, Marguerite, Saint, 1620-1700—Poetry.
Classification: LCC PS8643.A5265 H43 2020 | DDC C811/.6—dc23

Marguerite Bourgeoys,
painted by Pierre Le Ber in 1700, following her death.

Marguerite Bourgeoys,
peinte par Pierre Le Ber en 1700, après sa mort.

In memory of Marguerite Bourgeoys, 1620-1700

For Jocelyne Alarie and Annie Camus

En mémoire de Marguerite Bourgeoys, 1620-1700

Pour Jocelyne Alarie et Annie Camus

Preface

APRIL 2020 MARKED THE 400TH ANNIVERSARY of the birth of Marguerite Bourgeoys, a milestone that was recognized not just in Canada but in the United States, in Japan, in Central America, in Cameroon and in France, the country of her birth, all places where her educational legacy continues to bear fruit. Unlike some of her contemporaries, Marguerite Bourgeoys, in her surviving writings, alludes only fleetingly to her own emotions except for those connected with the great themes of her life. First among these is her immense desire that the love of God and neighbour be written in every heart. Marguerite frequently writes of her joy when she discovers goodness in those neighbours, as when she witnessed the transformation of her fellow passengers on her first voyage to the New World. She writes of her confidence in God's continued call and care even in the most difficult of circumstances, the times when she really felt she could do no more. Otherwise, she rarely expresses the feelings she experiences in the course of the events she describes in memoirs.

In this series of poems, Carolyne Van Der Meer enters imaginatively into Marguerite's mind and heart to explore what some of her feelings

Préface

AVRIL 2020 MARQUAIT LE 400e ANNIVERSAIRE de naissance de Marguerite Bourgeoys. Cet événement a été salué non seulement au Canada mais aussi aux États-Unis, au Japon, en Amérique centrale, au Cameroun et en France, son pays natal, autant de lieux où son legs continue de porter fruit. À la différence de certains de ses contemporains, les écrits de Marguerite Bourgeoys qui nous sont parvenus font très peu mention de ses émotions hors les grandes passions de sa vie : en tout premier lieu son désir que l'amour de Dieu et de son prochain soit présent dans le cœur de tous. Marguerite a souvent mentionné sa joie de découvrir la bonté de ses voisins ou des changements survenus chez ses compagnons de voyage à l'occasion de sa première traversée vers le Nouveau Monde. Elle écrit la confiance qu'elle garde en Dieu même dans les circonstances les plus difficiles; ces moments où elle croit avoir atteint ses limites. Sinon, elle n'exprime que rarement ses sentiments dans ses mémoires.

Dans ce recueil de poèmes, Carolyne Van Der Meer pénètre avec sensibilité dans la tête et le cœur de Marguerite pour imaginer quelles émotions elle a pu connaître dans les moments clés de sa vie comme dans le quotidien. La poétesse nous permet,

might have been at key moments in her life, and also in her responses to the daily lives of those around her. The poet helps us to share not only the positive and hopeful moments of Marguerite's life but also the questioning, the searching, the wondering, the disappointments and the effort to find the courage to face all of these. She helps us see these in the young Marguerite who, in the face of apparent rejection:

> never looked back
> instead looked ahead
> to find the best way
> to serve.

Carolyne helps us see them as the mature Marguerite faces the challenges she shares with the settlers with whom she worked so closely. In this sensitive portrayal, Marguerite Bourgeoys emerges clearly as a woman who values the qualities she finds in other women. She is fully committed to helping them realize the potential she perceives in them both for the enrichment of their own lives and for the building of a truly new and better world.

Marguerite arrived in Canada with only a small bundle of material possessions, but she also carried with her the immense spiritual legacy of her native Champagne, ancient "region of merchants and poets." In Carolyne's poems, however, we see her as a woman dedicated not to the past but to the future. She and those who, like her, had left the old world

non seulement de partager les accomplissements et les moments d'espoir de Marguerite mais aussi ses interrogations, ses recherches, ses doutes ses déceptions et ses efforts pour surmonter les obstacles avec courage. Elle nous aide à le voir chez la jeune Marguerite qui, face à un refus, choisit d'avancer :

> sans regret
> je me tourne vers l'avenir
> pour trouver la meilleure manière
> de servir Dieu

Carolyne nous fait voir Marguerite, devenue femme, relever les défis qu'elle partage avec les colons qui l'entourent. Dans ce portrait attentif, Marguerite Bourgeoys apparaît comme quelqu'un qui sait apprécier les qualités des autres femmes. Elle participe au développement du potentiel qu'elle perçoit chez elles tant pour leur propre accomplissement que pour l'édification d'un monde nouveau et meilleur.

Marguerite est arrivée au Canada avec peu de biens mais apportant de sa Champagne natale, vieille région de marchands et de poètes, un immense héritage spirituel. Dans les poèmes de Carolyne cependant, nous retrouvons une femme engagée dans le futur plutôt que tournée vers le passé. Elle, et ceux qui comme elle, ont abandonné le vieux continent, acceptaient les deuils et les risques dans l'espoir de participer à la construction

behind, faced the renunciations they had made and the risks they were taking with the hope that they could bring a better world into being. Carolyne captures this most strongly in the powerful image describing Marguerite's arrival in Canada:

> Our boat moored on a sand bar
> festering with the germs of illness
> we burn it
> wholly committed to our new lives.

Patricia Simpson, CND

Author of *Marguerite Bourgeoys and Montreal, 1640-1665* and *Marguerite Bourgeoys and the Congregation of Notre Dame, 1665-1700*

d'un monde meilleur, ce que Carolyne illustre parfaitement dans l'image saisissante de Marguerite débarquant au Canada :

> le navire accosté sur le littoral
> encore chargé de maladies
> nous y avons mis le feu
> entièrement tournés maintenant
> vers notre nouvelle vie.

Patricia Simpson, CND

Autrice de *Marguerite Bourgeoys et Montréal, 1640-1665* et *Marguerite Bourgeoys et la Congrégation de Notre-Dame, 1665-1670*

These trimmings and jewels
fine fabrics soft leather
leave me empty

That parade of chortling girls
I was once a centerpiece of
now unwhole

I look for ways
to fill emptiness
am lost

too old to be unsure
I thought adulthood would bring
peace stability

And then
a procession like any other
Feast of the Rosary
October 7, 1640

Walking in prayer to honour Mary
the statue of the Blessed Virgin
across the sanctuary
held new light

Ces parures et ces bijoux
ces tissus délicats, ce cuir raffiné
me laissent froide

ces défilés de jeunes filles gloussant
où je tenais ma place avant
maintenant me sont indifférents

Je cherche des manières
de combler le vide
je suis perdue

trop vieille pour douter
j'étais certaine que l'âge adulte
m'apporterait la paix

et puis
une procession comme toutes les autres
la Fête du Rosaire
du 7 octobre 1640

dans la marche en prière
la statue de la Sainte Vierge
à travers le sanctuaire
plein de lumière

#2

Frills and furbelows lace and fine jewellery
useful to me no longer
I've given them all away
nothing about them need stay

the Blessed Virgin spoke
the sanctuary still her voice clear
see the light behind her
walk tall feel my heart stir

in that instant
I have no doubt
I accept the calling
no fear of falling

after everyone knew
my face my expression
told all I was changed
a vision newly gained

#2

Fanfreluches, dentelles et bijouterie fine
ne me sont plus utiles
j'ai tout donné
sans regret

la Sainte Vierge a parlé
sa voix claire dans le sanctuaire
la lumière derrière elle
je marche la tête haute
mon cœur bat

à ce moment
je n'ai aucun doute
j'accepte son appel
je n'ai plus peur de rien

tout le monde sait
mon visage transformé
dit tout
un avenir révélé

#3

It's so clear to me now why the Virgin spoke
and not God
(not that I presume to deserve Him)

it's the women young girls
who need me
to learn be strong

no distinction
between poor and rich
gentle and grumbling
pretty and ugly
all sacred drops of blood

in this man's world
they are at a deficit
I will help them
become equals
God willing

#3

Je comprends pourquoi la Vierge m'a parlé
et non pas Dieu
(je ne prétends pas mériter Son attention)

les femmes, les jeunes filles
ont besoin de moi
pour apprendre à être fortes

sans distinction
entre pauvres et riches
douces et acariâtres
belles et laides
toutes sont sacrées

dans ce monde d'hommes
les femmes sont invisibles
je les aiderai
à trouver leur place
grâce à Dieu

#4

Those Carmelites
didn't want me
I won't give up
my gift to God
my only mission
If it's not in the cloister
it'll be somewhere else
He'll take me
even if they won't

Les carmélites
n'ont pas voulu de moi
je ne renoncerai pas
je m'offre à Dieu
ma mission
si ce n'est dans le cloître
ce sera ailleurs
Lui m'acceptera
même si elles ne me veulent pas

Mary was more
than a virgin mother
she was the first true follower
disciple of Jesus
before He was even born
while He inhabited her womb
she was the carrier of discipleship
why have women struggled
with equality parity
deep down men knew
she was the trailblazer
the trail not blazed by a man
could never
have been
blazed
by a man

Marie était bien plus
que mère et vierge
elle était la première
disciple de Jésus
avant même Sa naissance
Lui logé dans ses entrailles
elle a incarné l'apostolat
pourquoi les femmes ont-elles dû lutter autant
afin d'obtenir l'égalité
quand les hommes savaient pourtant
qu'une femme était la pionnière
ouvrant la voie
comme aucun homme
n'aurait pu le faire

#6

They welcome me
Pierre Fourier Alix Leclerc
open their hearts their doors
to me my mission newly clear
immediately one
with their own

this group of teaching sisters
who leave the cloister to educate poor girls
the ones who can't come to the cloister themselves
only the best sisters
pedagogy deeply entrenched
interact with the pupils
who by their numbers need special treatment
an original way to reach them
teach them

religious and moral education
and the skills to make a living
but above all the ability
to take care of the needs of
home family church society

all this resonated with me
this place I could help
create solidify
ultimately export

#6

Ils m'accueillent
Pierre Fourier, Alix Leclerc
m'ouvrent grand leur porte, leur cœur
embrassent ma mission
semblable à la leur

ce groupe de religieuses enseignantes
qui partent du cloître pour éduquer des filles
pauvres
celles-là mêmes qui ne peuvent venir au cloître
les meilleures
aguerries à l'éducation
rejoignent les élèves
si nombreuses
qu'il faut inventer de nouvelles façons
de les atteindre
de leur enseigner

une éducation morale et religieuse
des habiletés pour mener sa vie
mais surtout pour être capables
de répondre aux besoins du logis
de la famille
de l'église
de la société

tout ça résonne en moi
ici, je peux agir
créer, solidifier
et finalement partager

All I wanted was community
Father Gendret and I started something
with Louise and Jacqueline
we had hope
approval from Paris
those erudite theologians from the Sorbonne
And then no
marriage, death—
our community leaders
reduced
what to do
Father Gendret always
there to guide
offered me a path
I took the vow of chastity
the vow of poverty
never looked back
instead looked ahead
to find the best way
to serve

#7

Tout ce que je voulais
c'était appartenir à une communauté
le Père Gendret et moi
avons commencé
ce travail ensemble
avec Louise et Jacqueline
nous avions l'espoir
le soutien de nos collègues à Paris
ces théologiens savants de la Sorbonne
et puis non
ces mariages, ces décès
nos élites
ont réduit notre projet
le Père Gendret toujours à mes côtés
pour me guider
j'ai prononcé mes vœux de chasteté
de pauvreté
sans regret
je me tourne vers l'avenir
pour trouver la meilleure manière
de servir Dieu

#8

The best opportunities
sometimes come without
us looking for them
But do I do this
go to Ville-Marie with a man I don't
even know, to foster a community in
grim conditions, found a school,
spread God's word—and goodness
Father Gendret reassured me once again
that my and his angels
would be a beacon
that I could trust
M. Paul de Chomedy
he told me to go
and then she came to me
a tall woman dressed in white serge
she told me in a clear voice
I will never forsake you
and I knew it was the Blessed Virgin
suddenly I had great courage
found nothing difficult
put my fears aside
and believed

#8

Les meilleures occasions
se présentent souvent
sans qu'on les cherche
mais dois-je suivre à Ville-Marie
un homme
que je connais à peine
pour aller installer une communauté
dans des conditions hostiles
fonder une école
répandre la Parole de Dieu?
le Père Gendret me rassure encore
nos anges nous guideront
je peux faire confiance
à Paul de Chomedey
il me dit de quitter la France
et là, une grande dame
tout de blanc vêtue
vient me voir
elle me dit d'une voix claire
je ne t'abandonnerai jamais
et je sais que la Sainte Vierge me parle
soudainement je trouve du courage
tout devient facile
je mets mes peurs de côté
et j'y crois

#9

The first departure was a false start
we took on water and only the kindness of
the citizens of Saint-Nazaire saved us
we docked there
but the fear set in
and Monsieur Paul put drastic measures in place
to keep those recruited committed
will we ever leave
the Blessed Virgin tells me
it will be so
my faith is unwavering

#9

Le premier départ fut un faux départ
le navire prenait l'eau
la générosité des habitants de Saint-Nazaire
nous a sauvé
nous avons accosté
mais la peur s'est installée
M. de Maisonneuve a tout fait
pour garder les recrues engagées
Partirons-nous un jour ?
la Sainte Vierge me dit
que ça viendra
ma foi est inébranlable

#10

Ship repaired at last
we left on July 20
a smooth voyage was
not to be ours
I am used to caring for the sick
when disease came
I was in my element
with no priest aboard
I found myself
ministering last rites eight times
bodies we left to sea graves
three months of God challenging us
we arrived on September 22
the cliffs of Quebec
welcomed us
our boat moored on a sandbar
festering with the germs of illness
we burned it
wholly committed to our new lives

#10

Le navire enfin réparé
nous sommes partis le 2 juillet
mais pour nous
pas de voyage facile
j'ai l'habitude de soigner
quand la maladie est arrivée
j'étais prête
sans prêtre à bord
je me suis retrouvée
administrant
les derniers sacrements
huit fois
à des corps jetés à la mer
trois mois à faire face aux épreuves imposées par
Dieu
nous sommes arrivés le 22 septembre
les falaises de Québec
nous ont accueillis
le navire accosté sur le littoral
encore chargé de maladies
nous y avons mis le feu
entièrement tournés maintenant
vers notre nouvelle vie

#11

They are dying
God's young lives are taken
from us
I have no one to teach
is this His way of
planning for my
future

11

Ils meurent
Dieu nous reprend
ces jeunes âmes
plus personne à instruire
est-ce Sa façon
de préparer
mon avenir ?

April 1658
stalwart solid
made of stone
my school
a stable school
God wanted it so
but my great friend Monsieur Paul
made it happen
with hearth and chimney now
witness warmth
no trace of the animals
the herdsman
who lived here before
the children help me
scrub sweep
we work as one
for this place
that is now my home
their temple of learning
education enlightenment

Avril 1658
robuste, solide
toute de pierre
mon école
une école-écurie
tel que Dieu l'a voulu
c'est grâce à mon grand ami
M. de Maisonneuve
un grand âtre et sa cheminée
une chaleur bienveillante
plus de traces des animaux
ni des palefreniers
qui vivaient en ces lieux
les enfants m'aident
frottant, balayant
nous travaillons à l'unisson
pour ce qui est maintenant
mon chez-moi
notre chez-nous
le temple de leur apprentissage
de leur éducation, de leur élévation

13

It is a friendship of equals
two women
looking for support
in the unique missions
they have crafted for themselves
borne of passion
obsession even
Jeanne Mance
a foundress of hospitals
gave up her life in France
me—Marguerite
foundress of what
a growing congregation
a school
the beginnings
of a new community
cornerstones
of Ville-Marie society
hospital church
we share values conviction
it is a friendship of equals

#13

Une amitié entre égales
deux femmes
cherchant appui
l'une auprès de l'autre
dans une mission unique
portées par une même passion
l'obsession même
Jeanne Mance
fondatrice de l'Hôtel-Dieu
qui a renoncé à sa vie en France
moi, Marguerite
fondatrice de quoi ?
une congrégation qui croît
une école
le berceau d'une communauté nouvelle
pierres angulaires
de Ville-Marie
de l'hôpital
de l'église
nous partageons
valeurs et convictions
une amitié entre égales

Jeanne has asked for my help
her arm
broken a year ago
will not heal
doctors in France
might have the solution
we'll both go home
she needs nurses
I need teachers women
for the community
wives-to-be
we'll recruit
and I'll take care
of my one-armed friend
on the voyage
God help her
that arm is
shrivelling up
and dying

#14

Jeanne a demandé mon aide
son bras
cassé il y a un an
ne guérira pas
les médecins de France
auront peut-être une solution
nous rentrerons dans notre pays natal
elle a besoin d'infirmières
j'ai besoin d'enseignantes, de femmes
pour la communauté
de futures épouses
nous recruterons
je prendrai soin
de mon amie privée d'un bras
pendant le voyage
je prie que Dieu
lui vienne en aide
son bras perd de sa force
son bras meurt devant nous

#15

It takes months
but we make it
a good crew
no illness
no last rites to conduct
only the company of my friend
administering to
her every need
forging a bond
that will only get stronger
I get Jeanne's letter
from Paris
while I'm in Troyes
with my family
her arm
has healed
Jean-Jacques Olier's reliquary
a petrified heart
has taken her atrophy
mended her bones
given her strength
for what awaits
God is watching
over us
both

#15

Il faut des mois
mais nous y arrivons
un bon équipage
pas de maladie
pas de derniers sacrements
juste m'occuper de ma compagne
veillant à ses besoins
tissant des liens plus forts
je reçois la lettre de Jeanne
envoyée de Paris
lors de ma visite à Troyes
dans ma famille
elle me raconte
son bras guéri
le reliquaire de Jean-Jacques Olier
un cœur pétrifié
a corrigé son atrophie
a réparé ses os
lui a donné du courage
pour ce qui l'attend
Dieu nous protège
toutes deux

#16

The joy
envelops me
the proof
the reliquary
gave new life
to my friend's arm
we gather
our belongings
sparse
our recruits
many
head to the port
lithe nimble
board our vessel
Jeanne now a
staunch but quiet
believer
her wisdom sharpened
in the happenstance of
a calcified heart
one she'll wear on her sleeve
back to Ville-Marie
as she tends to
the sick the lonely
the hopeless
and I stand behind her

#16

La joie
me transporte
le reliquaire
a donné une nouvelle vie
au bras de mon amie
nous rassemblons
nos maigres possessions
nos nombreux engagés
nous arrivons au port
vives, agiles
nous embarquons
Jeanne
maintenant croyante, sereine
grâce à un cœur miraculeux
affiche sa passion
de retour à Ville-Marie
où elle s'occupera
des malades
des abandonnés
des désespérés
je l'appuie

#17

The voyage home
the Saint-André
infested with disease
the passengers too
the fever swathes them
like rolled blankets
tight tucked
no escape
they sweat
drenching bedclothes
and blankets
their breathing
short laboured
they beg for relief
for God to take them
is He listening
for they are leaving me
one by one
I offer them my bed
sit vigil
at their pillowside
am alone
am lonely
in my health
in my wealth
of life
robbed
stripped bare
with grief

#17

Le voyage de retour
le Saint-André
infecté de la peste
les passagers à leur tour
la fièvre
les enveloppe
telle des couvertures trop serrées
nul part où fuir
ils transpirent
mouillent la literie
respirent difficilement
implorent le soulagement
que Dieu les rappelle à Lui
les entend-Il ?
puisqu'ils me quittent
l'un après l'autre
je leur offre mon lit
veille à leur côté
je suis seule
esseulée
avec ma santé
avec ma fortune
la vie
se dérobe autour de moi
je suis nue
le deuil m'envahit

It has begun
I've done it
with God's blessing of course
we are here together
my new colleagues
Catherine Crolo
Edmée Chastel
Marie Raisin
Anne Hioux
and about 20 young women
who hope to marry
start families
my dream
my congregation
my religious community
has begun
here now
on the Saint-André
heading home
to Ville-Marie
New France

#18

C'est un début
je l'ai fait
avec la bénédiction de Dieu
bien sûr
nous sommes ensemble
mes nouvelles collègues
Catherine Crolo
Edmée Chastel
Marie Raisin
Anne Hioux
et une vingtaine de jeunes femmes
qui espèrent se marier
fonder une famille
mon rêve
ma congrégation
ma communauté religieuse
prend forme
ici maintenant
sur le Saint-André
on rentre « chez nous »
à Ville-Marie
en Nouvelle-France

September 20, 1659
we have arrived
a year to the day
after Jeanne's and my
departure
my four companions
and I
we are ready
hope filled I am
but also dashed
the materials
for the chapel
are gone
must start again
but the stable school
is solid
a place of refuge
for the young girls
come to marry
more and more
students
more and more
hope

#19

20 septembre 1659
nous sommes arrivés
exactement un an
après notre départ
Jeanne mes quatre compagnes
et moi
sommes prêtes
pleines d'espoir
mais aussi pleines de déception
tous les matériaux
pour bâtir la chapelle
sont disparus
nous devons recommencer
mais l'école-écurie
est solide
un refuge
pour les jeunes femmes
venues
trouver un mari
de plus en plus d'élèves
de plus en plus d'espoir

The little house
I bought
before this last voyage
refuge respite
for *les filles du Roy*
they are courageous
giving up comforts
knowing only city life
making this long voyage
all for the establishment
of new families
I open my heart
to them
show them
all they need
to know
to survive
here
they have no idea
the hardships
that await

#20

La petite maison
achetée
avant ce dernier voyage
refuge et répit
pour les Filles du Roy
ces courageuses
qui renoncent au confort
n'ayant connu que la vie en ville
qui entreprennent ce long voyage
pour établir
une nouvelle communauté
de nouvelles familles
je leur ouvre mon cœur
leur apprend
ce qu'elles doivent savoir
pour survivre
ici
elles n'ont pas idée
des épreuves
qui les attendent

We move
we travel
remote areas
our goal
will bring God's word
too few clergy
too vast a land
we spend weeks
preparing them
first communion
first rite of passage
and then, ages 12, 13
girls can marry
so young
it's all I can give them
this bit
of education
all they may ever get
may the Virgin offer
guidance
for me
and them

Nous nous déplaçons
nous voyageons
dans des régions éloignées
dans le but
de partager la Parole de Dieu
il y a trop peu de prêtres
pour ce vaste territoire
nous passons des semaines
à préparer les jeunes filles
première communion
premier rite de passage
elles n'ont que 12 ou 13 ans
prêtes à marier
si jeunes
c'est tout ce que je peux leur offrir
cette éducation
si modeste
que la Vierge puisse
me guider
les guider

Monsieur Paul
led me here
encouraged me
to start this
to build this
with Jeanne
an odd trio
but they've called him
back to France
to govern at a distance
what will become of us
of this place
without him
he was straight
uncorruptible
in this land
of lawlessness
I will miss
his friendship
will walk the path
with other companions
with the Virgin
by my side

M. de Maisonneuve
m'a conduite jusqu'ici
m'a encouragée
à établir
cette congrégation
avec Jeanne
nous sommes un curieux trio
mais la France
rappelle de Maisonneuve
il nous gouvernera de là-bas
qu'allons-nous devenir
sans lui ?
lui, si droit et incorruptible
dans un pays sans foi ni loi
son amitié
me manquera
je poursuivrai mon chemin
avec d'autres compagnons
la Vierge Marie
à mes côtés

#23

i

At last
recognition
Bishop François
de Montmorency Laval
visited gave his blessing
sees the Congrégation
doing great things
has allowed me
breadth and depth
to offer knowledge
throughout his diocese
the territory is vast
we are too few
to be successful
France calls me back
once again
this time
I will prove the truth
of Montmorency's words
bring written testimonies with me
gain new members
bring them back
we will do so much more here
in greater numbers

#23

i

Enfin
la reconnaissance
l'Évêque François
de Montmorency Laval
nous a donné sa bénédiction
il reconnaît les actes
de la Congrégation
il me permet
de partager mes connaissances
par tout son diocèse
ce territoire si vaste
nous sommes si peu nombreux
pour y arriver
la France me rappelle
encore une fois
cette fois-ci
je prouverai que nous méritons
la confiance de l'Évêque
de Montmorency Laval
j'apporterai des témoignages
je gagnerai de nouvelles recrues
les ramènerai
plus nombreux
nous ferons encore plus de progrès

ii

My plans
waylaid
this long voyage ahead of me
and my box of documents
my clothes
left behind
I can only hope
they are on the next ship
yet God has provided
for me
as always
I sleep
on coils of rope
dress myself in sailing sheets
am loved

iii

In Paris
with neither money
nor my sailcloth robe
I am cared for
once again
find shelter
at a home
near the Sulpician seminary
a priest
in a church
where I stopped

ii

Mes plans
ont été contrariés
ce long voyage à venir
et mon coffre rempli de documents
et mes vêtements
restés sur le quai
je ne peux qu'espérer
qu'ils seront sur le prochain bateau
mais Dieu
y pourvoira
comme toujours
je dors
sur des cordages enroulés
vêtue d'habits cousus
de toile de misaine ou de hunier
et me sens
aimée de Dieu

iii

À Paris
sans argent
sans habit
je suis accueillie
cette fois encore
et trouve refuge
dans une maison
près du séminaire des sulpiciens
un prêtre
dans une église

for confession
claimed
he was to give me
100 *livres*
repayment for a previous
loan
I had long written off
God
and the Virgin
surround me
envelop me

où je me suis arrêtée
pour me confesser
m'a offert
100 livres
en remboursement
d'un prêt accordé
il y a des années
une dette depuis longtemps acquittée
Dieu
la Vierge Marie
m'accompagnent

#24

Goodness flows
I have found Monsieur Paul
we are reunited
when I knocked
he came down
and opened the door
to me
with great joy
welcomed me
into his home
anxious for news
of his beloved
Ville-Marie
his heart still there
as is mine
he has added his own
words of approval
to my stack
of testimonials
praising the Congrégation's
work in New France
the dedication of me and
my companions
oh that this will
enable the legal establishment
Congrégation de Notre-Dame
That I see this
before my death
my one wish

#24

Quelle bonne fortune
j'ai retrouvé M. de Maisonneuve
nous sommes à nouveau réunis
lorsque je frappai à sa porte
il est descendu, a ouvert
et m'a accueillie
avec grande joie
impatient des nouvelles
de Ville-Marie
qu'il aime tant
son cœur est resté là-bas
le mien aussi
il a ajouté ses louanges
aux nombreux éloges
sur le travail de la Congrégation
en Nouvelle-France
sur mon dévouement et celui de mes compagnes
ces témoignages
permettront l'établissement officiel
de la Congrégation de Notre-Dame
en être témoin
de mon vivant
est mon seul désir

Jeanne
confined to bed for
days
not much time
left
I sit
watching over her
waiting for her
to take her leave
her soul to God at last
it will be
quiet
lonely
my great friend
gone
though her legacy
remains
a city—
founded
hospital care—
now an option
she has left me
precious books
stacks of them
to help educate
young minds

I feel
a deep
and blazing
hole

#25

Jeanne
alitée
pendant des jours
il ne lui reste
que peu de temps
je m'assieds
à ses côtés
et la veille
attendant que Dieu réclame
son âme
tout sera silence
solitude
sans ma grande amie
elle laisse
en héritage
une ville
un hôpital
elle me laisse
nombre
de précieux livres
pour poursuivre
l'instruction
des jeunes esprits

il y a en moi
un vide
profond

A mother
Françoise
comes to me
distraught
her small daughter
Catherine
dead
Françoise too frightened
the truth
tangible
in the dusk
attempts to grasp it
fail
she knows
she is to blame
how to help her
wilful Catherine
punished
dies at her hand
time out in a barrel
wood slats
to keep her in
a sack of grain
to hold them
in place
ever devious little Catherine
a way out
caught between
the slats and the barrel rim
hung
oh Mary Mother of God

#26

Une mère vient me voir
désemparée
sa fillette
Catherine
morte
Françoise, la mère, a trop peur
pour dire la vérité
elle essaie
d'expliquer
elle s'affole
elle sait que c'est sa faute
la petite Catherine
morte
de sa main
elle l'avait punie
mise dans un baril de chêne
recouvert de bois et de sacs de céréales
la petite Catherine essayant de sortir
est restée prise entre le bois et
le bord du baril
étranglée
Ô Sainte Marie, Mère de Dieu
aidez-nous
aidez-moi
à trouver la voie
la punition de Françoise
non méritée
la mort de Catherine
non méritée
nous trouvons des témoins

help us all
help me
find the path
Françoise's punishment
wrong
Catherine's death
wrong
we find witnesses
convince authorities
Françoise no murderer
trapped now by guilt
I will not deprive her

nous convainquons les autorités
Françoise n'est pas
une meurtrière
prisonnière à présent
de sa conscience
je ne l'abandonnerai pas

It is done
my chapel
house of the Virgin
God's work
it is the first
stone church
on all the island
Ville-Marie has a foundation
in our Lord
I am soothed
relieved
proud
it is a place
of many marvels
will be a place
of many marvels
for centuries to come
my hope

#27

C'est fait
ma chapelle
consacrée à la Vierge
l'œuvre de Dieu
première église
en pierre
sur l'île
Ville-Marie repose sur des fondations
divines
je suis apaisée
soulagée
fière
c'est un lieu
de mille merveilles
ce sera un lieu
de mille merveilles
pour les siècles et les siècles
je l'espère

#28

I was offered a stable
not for the birthing of Christ-like babes
but for the education the moulding of fine spirits
of young girls who had fire
but no chance
who were fuelled by God's light but mere girls
against my better judgment
I took the great building offered me
came away from the stable school
then saw the grandiose classroom burn
His displeasure expressed
wondered if I shouldn't have remained humble
in God's brightness
bringing my girls along in modesty
the minute I took more
God admonished me
reproach for yielding to natural impulse
disregard for nonchalance
I self-regulate before my Maker
return to teaching in simplicity and poverty
a commitment to remaining
small humble poor

#28

Je me suis fait offrir
une écurie
je pense à la naissance de Jésus
mais cette écurie
deviendra une école
pour instruire des jeunes filles
qui n'ont pas de chance
des jeunes esprits
au service de Dieu
j'ai accepté le don
de ce grand bâtiment
devenue école
pour la voir ensuite brûler
s'envoler en fumée
Dieu serait-Il en colère contre moi ?
ai-je manqué d'humilité
en croyant pouvoir instruire les filles
avec tant d'assurance
Dieu me réprimande
et me reproche ma nonchalance
je me reprends devant mon Créateur
reviens à l'enseignement
dans la simplicité
et la pauvreté
mon engagement
à rester
humble

#29

i

My heart hurts
I am tired
Sister Tardy's accusation
of laxness
that I am somehow
the cause
of the fire
the deaths that night
and the many deaths
in the years that followed
haunt me
have I been slipshod
unmindful
has my desire to inspire
made me less a leader
less discerning
should I have been
a firmer guide
I retreat
refuse the bread
of Christ
suffer in my hunger
against loneliness
against godlessness
I will always hope in Him
even when I see myself
with one foot
in hell

#29

i

Mon cœur souffre
je suis épuisée
sœur Tardy m'accuse de laxisme
et me tient responsable
de l'incendie
des décès de cette nuit
des décès à venir
ses paroles me hantent
suggèrent
que j'ai été négligente
insouciante
sans discernement
j'aurais dû être
un modèle
et forte
je me retire
refuse le pain du Christ
souffre de ces privations
dans ma solitude
dans mon impiété
mon espoir est en Dieu
même si je crois avoir
un pied dans l'enfer

I've begun to write
the shadows have departed
Sister Tardy's faultfinding
left with her when she
returned to France
and me succeeded by Marie Barbier
I am no longer the Superior
but I have regained
my footing
found a new way to serve
I will tell the story
put words to the vision
articulate The New Rule
of this Congrégation
explain how
the Blessed Virgin
came to me
took my hand
guided me
through
this
life

ii

J'ai commencé à écrire
les ombres s'estompent
les critiques de
sœur Tardy sont parties avec elle
vers la France
Marie Barbier me succède
je ne suis plus la supérieure
j'ai repris mon rang
je retrouve une nouvelle manière de servir
j'écris
je consigne notre histoire
je trouve les mots
pour décrire la vision
la nouvelle Règle de cette congrégation
j'explique
comment la Sainte Vierge
a pris ma main
m'a invitée
à prendre le chemin
avec Elle

#30

The writing was fruitful
years of calm as I delved
scribbled soul-searched
The New Rule signed in 1698
accepted at last by all sisters
the Congrégation has official status
within the Church
oh glory be
the Virgin continues to walk
with me
but this joy this great joy
was followed by deep sadness
the death of my niece Catherine
and the decline of my young
mistress of novices Catherine Charly
I railed against it
cried to the Lord
begged Him to take me
instead
and now
tired
weak
and Catherine improving
my heart
breaking bursting
at once
let me sing
my exultation
my euphoria

L'écriture a porté fruit
années bénies que je passai
à recueillir
à ordonner
à témoigner
la nouvelle Règle signée en 1698
et acceptée enfin par toutes les religieuses
la Congrégation a maintenant
son statut officiel
Ô gloire
la Sainte Vierge continue
de marcher avec moi
malgré la tristesse profonde
du décès de Catherine, ma nièce
et la détérioration de la santé
de Catherine Charly
responsable des novices
je me suis insurgée
j'ai imploré Dieu
l'ai supplié de me rappeler
à la place de Catherine
je suis épuisée
je suis faible
enfin la santé de Catherine s'améliore
Ô gloire
je déborde de joie
je chante
exaltation
euphorie

solace in my departure
as I seek the Blessed Virgin
in her realm
her hand
open
to grasp
mine

délivrée
je prie la Sainte Vierge
de me prendre par la main
et de m'ouvrir les bras

Acknowledgements

THIS COLLECTION OF POEMS could not have been written without the support of many organizations and individuals.

My deepest gratitude goes to the Congrégation de Notre-Dame, which stood solidly behind me in the journey of creating this collection. Specifically, I would like to acknowledge:

- Sister Patricia Simpson, CND, foremost authority on Marguerite Bourgeoys, for her inspiration and support, for her preface to this collection, and for connecting me with the Congrégation de Notre-Dame's archives;

- Marie-Josée Morin, Archives Services Coordinator, for welcoming me into the archives and allowing me to consult its vast resources;

- Sister Marguerite L'Écuyer, CND, Archivist, for providing me with reference material and writing space. Her generosity of spirit, kindness and interest in my project were invaluable; and

- The Congrégation de Notre-Dame for a publication grant, and especially to Sister Ona Bessette, CND, Councillor and Congregation

Remerciements

CE RECUEIL DE POÈMES n'aurait pu être réalisé sans le soutien de nombreuses personnes et organisations.

Ma gratitude la plus profonde va à la Congrégation de Notre-Dame, qui m'a soutenue dans cette démarche de création. Je tiens à remercier tout particulièrement :

- Sœur Patricia Simpson, CND, spécialiste reconnue de la vie et de l'œuvre de Marguerite Bourgeoys, pour son inspiration et son appui, pour la préface de cet ouvrage, et pour m'avoir mise en contact avec le service des archives de la Congrégation de Notre-Dame ;

- Marie-Josée Morin, coordonnatrice du service des archives, pour m'avoir accueillie et m'avoir permis de consulter ses vastes ressources ;

- Sœur Marguerite L'Écuyer, CND, archiviste, pour m'avoir fourni de nombreuses références et un lieu d'écriture. Son ouverture d'esprit, sa gentillesse et son intérêt pour mon projet sont inestimables.

Secretary, who led the committee that assessed my application for this grant.

Profound thanks to Guernica Editions, specifically Connie McParland and Michael Mirolla, who took on the publication of this unscheduled and out-of-series special project because of their deep respect for Montreal history and their belief in the power of poetry.

Thank you to upstate New York poet Michael Carrino who worked as poetry consultant and editor for my English poems. He continues to have an important influence on my poetry after having worked on my book *Journeywoman* (Inanna, 2017) and the forthcoming *Sensorial* (Inanna, 2021). Thank you also to Michael Farry, poet-friend, who offered valuable input on the English poems.

A very special mention of gratitude goes to Jocelyne Alarie and Annie Camus, who revised my own French translations of my English poems. They worked tirelessly with me to ensure that the essence of the English originals was captured in the French versions. These women have a great interest in literature and history and the work we did together brought a depth of feeling to this collection that I could not have achieved on my own. In addition, I feel strongly that Marguerite Bourgeoys would have looked fondly upon the female solidarity created by this exchange of language, culture, history and poetry.

Je remercie la Congrégation de Notre-Dame pour son soutien financier à la publication, et en particulier Sœur Ona Bessette, CND, conseillère et secrétaire de la Congrégation, qui a dirigé le comité qui a évalué ma demande.

Un grand merci aux Éditions Guernica, plus particulièrement à Connie McParland et Michael Mirolla, qui ont accepté ce projet spécial hors-série en raison de leur profond respect pour l'histoire de Montréal et leur foi dans le pouvoir de la poésie.

Merci au poète Michael Carrino, de l'État de New York, qui a travaillé comme consultant en poésie et éditeur de mes poèmes en anglais. Il continue d'avoir une influence importante sur ma poésie après avoir travaillé sur mon livre *Journeywoman* (Inanna, 2017) ainsi que sur *Sensorial* (à paraître – Inanna, 2021). Merci également à Michael Farry, ami et poète, qui a aussi apporté une précieuse contribution aux poèmes en anglais.

Une mention très spéciale va à Jocelyne Alarie et Annie Camus, qui ont révisé mes traductions en français des poèmes originaux veillant à ce que l'essence et le sens de ceux-ci ne soient pas trahis. Ces femmes partagent un grand intérêt pour la littérature et l'histoire, le travail que nous avons fait ensemble a apporté à ce recueil une profondeur que je n'aurais pas pu atteindre seule. En outre, je suis persuadée que Marguerite Bourgeoys aurait apprécié la solidarité féminine créée dans la complicité de ces échanges autour des langues, de la culture, de l'histoire et de la poésie.

I would like to acknowledge La Paroisse Saint-Denis in Montreal and Jean-Luc Malo, member of the Saint-Denis Parish Council, who allowed the painting of Marguerite Bourgeoys in the church sanctuary to be photographed for the cover of this book. The painting is by Yves-Daniel Thibodeau, who also painted the other historical figures gracing the walls of the parish sanctuary. Bassam Sabbagh took the photo of the painting for the cover and I thank him deeply for creating this dynamic image.

Thanks too to Roosa Rönkä, Head of Collections and Exhibitions at Musée Marguerite-Bourgeoys / Chapelle Notre-Dame-de-Bon-Secours, and the Musée for granting permission to use the frontispiece image of the Marguerite Bourgeoys painting by Pierre Le Ber and for providing the image itself; and to Claudine Blais, Head of the Boutique and Ticket Office, Musée Marguerite-Bourgeoys / Chapelle Notre-Dame-de-Bon-Secours, for her willingness to stock this book in the museum boutique.

* * *

There are several individuals in my personal entourage who also helped enable the publication of this book.

Jocelyne Alarie, Annie Camus, Yves Camus, Jasmin Uhthoff and Alicia Vandermeer provided generous financial support.

Je tiens à remercier la Paroisse Saint-Denis de Montréal et Jean-Luc Malo, membre du comité de fabrique de la paroisse, qui a permis que le tableau de Marguerite Bourgeoys qui se trouve dans le sanctuaire de l'église soit photographié pour la couverture de ce recueil. Le tableau est une œuvre de Yves-Daniel Thibodeau, qui a également peint les autres personnages historiques qui ornent les murs de l'église. Merci à Bassam Sabbagh qui a réalisé la photo du tableau pour la couverture.

Merci aussi à Roosa Rönkä, responsable des collections et des expositions du Musée Marguerite-Bourgeoys / Chapelle Notre-Dame-de-Bon-Secours, et au Musée pour avoir autorisé l'utilisation du frontispice du tableau de Marguerite Bourgeoys par Pierre Le Ber et pour avoir fourni l'image; et à Claudine Blais, responsable de la boutique et de la billetterie du Musée Marguerite-Bourgeoys / Chapelle Notre-Dame-de-Bon-Secours, pour avoir accepté de faire une place à ce livre dans la boutique du musée.

* * *

Plusieurs personnes de mon entourage ont également contribué à la publication de ce livre.

Jocelyne Alarie, Annie Camus, Yves Camus, Jasmin Uhthoff et Alicia Vandermeer ont apporté un généreux soutien financier.

Je tiens également à remercier ma famille et mes amis proches, qui ont écouté mes réflexions sur ce

I would also like to acknowledge family and close friends, who listened to my reflections on this project and offered encouragement: Alicia Vandermeer, Gary van der Meer, Wilma Van Der Meer, Louise Kopersiewich, Ginette Ledoux and Josée Pagé; and Dominique Brunelle, Pepita Capriolo, Virginia Konchan, Caroline Leroux-Boulay, Linda Morra, Geneviève Proulx, Mathilde St-Vincent and Jasmin Uhthoff.

Finally, my thanks and love go to my husband Robert and my son Eric for their constant support of my writing endeavours.

projet et m'ont offert leurs encouragements : Alicia Vandermeer, Gary van der Meer, Wilma Van Der Meer, Louise Kopersiewich, Ginette Ledoux et Josée Pagé ; Dominique Brunelle, Pepita Capriolo, Virginia Konchan, Caroline Leroux-Boulay, Linda Morra, Geneviève Proulx, Mathilde St-Vincent et Jasmin Uhthoff.

Enfin, mes remerciements et mon amour vont à mon mari Robert et à mon fils Eric pour leur soutien indéfectible.

CAROLYNE VAN DER MEER is a journalist, public relations professional and university lecturer. She has undergraduate and graduate degrees in literature from University of Ottawa and Concordia University respectively, and a Graduate Certificate in Creative Writing from the Humber School for Writers. She has published articles, essays, short stories and poems internationally. Her first book, *Motherlode: A Mosaic of Dutch Wartime Experience*, was published by Wilfrid Laurier University Press in 2014. Her second book, a collection of poetry entitled *Journeywoman*, was published in 2017 by Toronto-based Inanna Publications. Another collection of poetry, *Sensorial*, is forthcoming from Inanna in 2021. She lives in Montreal, Quebec.

Carolyne Van Der Meer est journaliste, relationniste et chargée de cours universitaire. Titulaire d'un diplôme de premier cycle en littérature de l'Université d'Ottawa et d'un diplôme de deuxième cycle en littérature de l'Université Concordia, elle a également complété un certificat d'études supérieures en création littéraire à la Humber School for Writers. Elle est l'autrice de nombreux articles, essais, nouvelles et poèmes, dont plusieurs ont été publiés à l'international. Son premier livre, *Motherlode: A Mosaic of Dutch Wartime Experience*, a été publié en 2014 par Wilfrid Laurier University Press. Son deuxième livre, un recueil de poèmes intitulé *Journeywoman*, a été publié en 2017 par Inanna Publications, basée à Toronto. Un autre recueil de poésie, *Sensorial*, est à paraître en 2021, également avec Inanna Publications. Elle vit à Montréal, au Québec.

Printed in August 2020
by Gauvin Press,
Gatineau, Québec